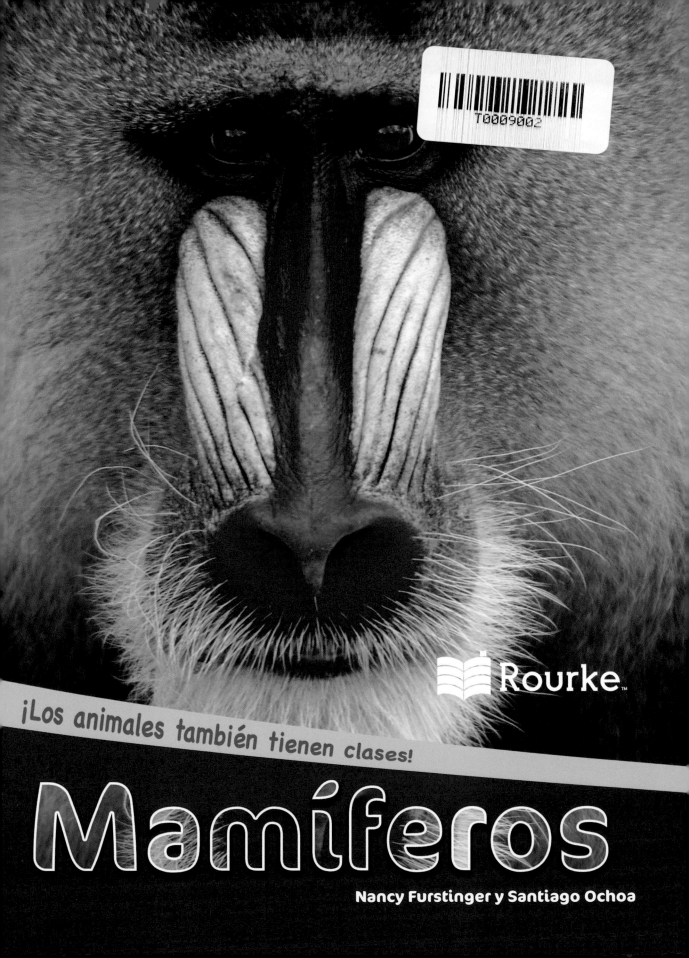

Rourke™

¡Los animales también tienen clases!

Mamíferos

Nancy Furstinger y Santiago Ochoa

Antes, durante y después de las actividades de lectura

Antes de la lectura: Desarrollo del conocimiento del contexto y del vocabulario académico

Las estrategias «Antes de leer» activan los conocimientos previos y establecen un propósito para la lectura. Antes de leer un libro, es importante utilizar lo que ya saben los niños acerca del tema. Esto los ayudará a desarrollar su vocabulario y a mejorar su comprensión lectora.

Preguntas y actividades para desarrollar el conocimiento del contexto:
1. *Mira la portada del libro. ¿De qué crees que trata este libro?*
2. *¿Qué sabes de este tema?*
3. *Estudiemos el índice. ¿Qué aprenderás en los capítulos del libro?*
4. *¿Qué te gustaría aprender sobre este tema? ¿Crees que podrías aprenderlo en este libro? ¿Por qué sí o por qué no?*

Desarrollo del vocabulario académico

El desarrollo del vocabulario académico es fundamental para comprender el contenido de las asignaturas. Ayude a su hijo o a sus alumnos a entender el significado de las siguientes palabras del vocabulario.

Vocabulario de contenido por área
Lee la lista de palabras. ¿Qué significa cada palabra?

- células
- depredadores
- especies
- hábitats
- marsupiales
- poros
- sentidos
- vertebrados

Durante la lectura: Componente de escritura

Las estrategias «Durante la lectura» ayudan a establecer conexiones, a monitorear la comprensión, a generar preguntas y a mantener la concentración.
1. *Mientras lees, escribe en tu diario de lectura cualquier pregunta que tengas o cualquier cosa que no entiendas.*
2. *Después de completar cada capítulo, escribe un resumen de este en tu diario de lectura.*
3. *Mientras lees, establece conexiones con el texto y escríbelas en tu diario de lectura.*
   a) *Texto para sí mismo: ¿Qué me recuerda esto en mi vida? ¿Cuáles fueron mis sentimientos cuando leí esto?*
   b) *Texto a texto: ¿Qué me recuerda esto de otro libro que haya leído? ¿En qué se diferencia de otros libros que he leído?*
   c) *Texto al mundo: ¿Qué me recuerda esto del mundo real? ¿He oído hablar de esto antes? (noticias, actualidad, escuela, etc...).*

Después de la lectura: Comprensión y actividad de extensión

Las estrategias «Después de la lectura» ofrecen la oportunidad de resumir, preguntar, reflexionar, discutir y responder al texto. Después de leer el libro, trabaje con su hijo o sus alumnos las siguientes preguntas para comprobar su nivel de comprensión lectora y su dominio del contenido.
1. ¿Cómo clasifican los científicos a los mamíferos? *(Resume)*.
2. ¿Qué puedes concluir sobre los mamíferos dentro de un filo en comparación con las aves dentro de una clase? *(Infiere)*.
3. ¿En qué se parecen las morsas y los delfines? *(Responde las preguntas)*.
4. Si tuvieras que crear una nueva forma de clasificar mamíferos, ¿cuántas clases utilizarías? *(Conexión texto para sí mismo)*.

Actividad de extensión

¡Crea un conjunto de tarjetas de intercambio de animales! Elige tres de tus mamíferos favoritos para empezar. Escribe datos sobre cada mamífero en una de las caras de una ficha en blanco. En la otra cara, haz un dibujo del mamífero. Intercambia tarjetas con tus amigos y compañeros de clase.

Índice

mandril

¡Clasifiquemos!

¡Hay muchas plantas y animales que estudiar en el mundo! ¿Cómo se las arreglan los científicos? Los clasifican en grupos.

Los científicos clasifican todos los seres vivos en reinos en función del tipo de **células** que tienen, del número de células que componen su cuerpo y de si fabrican o no su propio alimento.

Grupos de animales

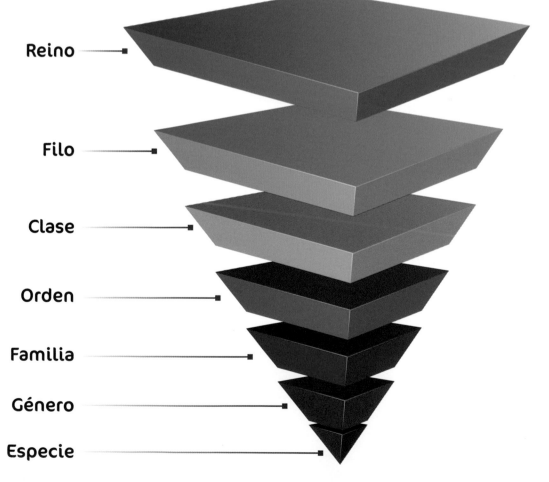

Reino

Filo

Clase

Orden

Familia

Género

Especie

Los reinos se dividen en grupos más pequeños llamados filos. Los mamíferos y otros **vertebrados** pertenecen al filo Chordata.

Los caballos tienen unas 54 vértebras, dependiendo de la raza.

¡Eres un animal!

Los miembros del reino animal tienen cuerpos formados por más de una célula. No pueden fabricar su propio alimento. Se alimentan de cosas vivas o que estuvieron vivas. ¡Las personas forman parte del reino animal!

Un filo se divide en grupos más pequeños llamados clases. Cada clase está conformada por animales que comparten rasgos. Estas cualidades diferencian a cada clase de todos los demás animales.

Las ballenas azules son los animales más grandes de la Tierra. Estos mamíferos marinos pueden medir hasta 98 pies (30 metros) de largo y pesar hasta 190 toneladas (172 toneladas métricas).

Los mamíferos constituyen una clase de animales. Esta clase se llama Mammalia. Hay más de 5000 **especies** de mamíferos. Todos pertenecen a uno de los 19 grupos llamados órdenes.

Las ballenas jorobadas están entre los mamíferos marinos más amenazados. ¡Estos increíbles mamíferos se comunican mediante el canto!

Clasificación de los animales en especies

Los órdenes están formados por familias. Las familias se dividen en géneros. Un género está formado por una o más especies. Una especie es un tipo de animal.

Todas las especies de mamíferos son de sangre caliente. Los mamíferos utilizan la energía de los alimentos para producir calor corporal. Todos los mamíferos tienen pelo o pelaje. La mayoría da a luz a crías vivas. Las crías de los mamíferos toman la leche de sus madres.

Las hembras de gorila tienen un estrecho vínculo con sus crías. Los bebés dependen de sus madres hasta los cuatro años. Los gorilas pertenecen al orden de los Primates.

Un bisonte americano, o búfalo, cuida a su cría en las praderas. Pertenecen al orden Artiodactyla.

Cómo llamar a los mamíferos

Cada especie tiene un nombre común y un nombre científico en dos partes. La primera parte indica a qué género pertenece el mamífero. Siempre comienza con una letra mayúscula. La segunda parte es el nombre de la especie. Comienza con una letra minúscula.

Hogar, dulce hogar

Los mamíferos viven en muchos **hábitats**. Se pueden encontrar en todas partes, excepto en el océano más profundo. Algunos tienen capas de grasa para vivir en el hielo. Los que viven en los desiertos toman poca agua.

El hábitat de un mamífero puede ayudar a los científicos a agruparlos en órdenes y familias. La mayoría de las especies de mamíferos vive en tierra. Algunas viven en regiones polares frías. Otros viven en selvas húmedas.

Los leones marinos, las focas y las morsas utilizan sus aletas para caminar por la tierra. Se les llama pinnípedos, que significa «de pies firmes» en latín.

Los mamíferos marinos viven en el agua. Tienen pulmones para respirar aire como los animales terrestres. La mayoría puede permanecer bajo el agua durante mucho tiempo. Regresan a la superficie para respirar.

Los delfines, las marsopas y las ballenas dentadas nunca salen del agua. Pertenecen a la familia Delphinidae del orden Cetacea.

Grupos de mamíferos marinos

Existen cinco grupos de mamíferos marinos: pinnípedos, cetáceos, nutrias marinas, sirenios y osos polares.

¿Qué hay para la cena?

Los mamíferos pueden agruparse en función de su dieta. Los herbívoros solo comen plantas. Las cebras mordisquean hierbas y hojas. Los rinocerontes blancos se alimentan de hierbas. Estos comedores de plantas viven y viajan en grupos.

Algunos mamíferos se alimentan principalmente de insectos. Están hechos para excavar en busca de insectos. Sus hocicos son largos. Sus garras son afiladas. Los insectívoros tienen poca vista. Sus otros **sentidos** son fuertes.

Los topos hacen túneles en la tierra. Se alimentan de lombrices.

Viajar en grupo ayuda a los comedores de plantas a estar a salvo de los depredadores.

Los castores construyen refugios usando árboles. Comen corteza, hojas y raíces.

Los carnívoros comen carne. Estos animales son **depredadores**. Están hechos para cazar y comer presas. Los omnívoros comen plantas y carne. Cambian su dieta con las estaciones. Esto les ayuda a sobrevivir en muchos lugares.

Los lobos cazan en manada. Cazan grandes mamíferos, como los venados.

Los tigres cazan solos. Estos grandes felinos matan búfalos y cerdos salvajes.

Los leones marinos cazan peces y calamares.

Mamíferos bebés

Los mamíferos pueden clasificarse en tres grupos en función de cómo nacen sus crías. Los **marsupiales** nacen pronto y crecen dentro de las bolsas de sus madres.

Las madres marsupiales dan a luz a bebés muy pequeños. Los recién nacidos se meten en las bolsas. Allí se alimentan de la leche de sus madres y crecen.

Las zarigüeyas de Virginia son los únicos marsupiales de Estados Unidos y Canadá. Una vez que los bebés salen de la bolsa, se aferran a la espalda de su madre.

Los canguros solo miden una pulgada (dos centímetros) al nacer.
Permanecen hasta diez meses en las bolsas de sus madres.

Los placentarios son el segundo grupo. Crecen y cambian dentro del cuerpo de sus madres. A medida que los bebés se desarrollan, obtienen alimento y oxígeno a través de la placenta.

La mayoría de los mamíferos son placentarios. Algunos suelen nacer de uno en uno, como los humanos y los elefantes. Otros nacen en grupo, como los conejos.

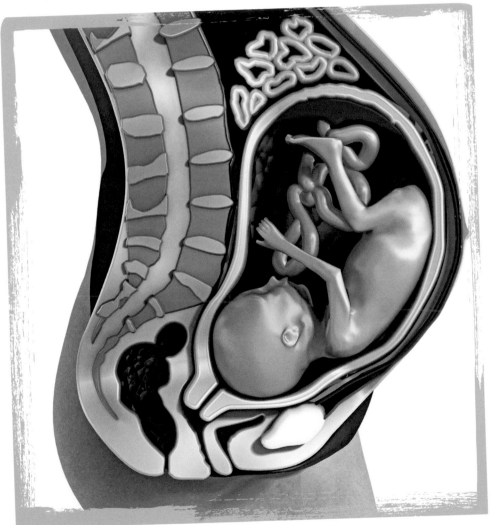

La placenta une a la madre humana con su bebé que aún no nace. Suministra alimento y oxígeno al bebé en crecimiento y elimina los productos de desecho.

Los monotremas son el tercer grupo. Nacen de huevos. Solo hay dos especies de monotremas: los equidnas y los ornitorrincos.

Las hembras ponen huevos correosos que se parecen a los de los reptiles. Tras la eclosión de los huevos, las crías beben la leche de sus madres. La leche sale de los **poros** de la piel de la madre.

Los equidnas y los ornitorrincos se encuentran solo en Australia.

¡El reino animal es enorme! Los científicos siguen descubriendo nuevos mamíferos. También aprenden cosas nuevas sobre mamíferos conocidos. A veces los nuevos descubrimientos cambian la forma de clasificar las especies.

Jessica Hale estudia las nutrias marinas en el Santuario Marino Nacional de la Costa Olímpica, en el estado de Washington.

ACTIVIDAD

Diseña tu propio mamífero

Imagina que descubriste un nuevo mamífero. ¿Qué aspecto tiene este animal? ¿En qué se parece a otros mamíferos? ¿En qué se diferencia? ¿Qué nombre le pondrás?

Por ejemplo, el nuevo mamífero podría parecer una mezcla de lobo y oso. Pero el animal que descubriste tiene pelo en lugar de piel, es verde en lugar de café y solo come insectos.

Dibuja el animal y etiqueta los diferentes rasgos que demuestran que es un mamífero. A continuación, utiliza materiales de desecho, como cartones y retazos de tela, para crear un modelo en 3D de tu mamífero. ¡Sé creativo!

¿Cómo clasificarías tu nuevo mamífero basándote en lo que sabes sobre la clasificación de los animales?

Glosario

células: Las pequeñas unidades que forman a todos los seres vivos.

depredadores: Animales que obtienen su alimento principalmente al matar y comer a otros.

especies: Grupos de seres vivos que se sitúan por debajo de un género.

hábitats: Lugares donde crece o vive una planta o un animal en la naturaleza.

marsupiales: Mamíferos que llevan a sus crías en una bolsa en el estómago de la madre.

poros: Aberturas muy pequeñas (como las de la piel).

sentidos: Los cinco poderes naturales (tacto, gusto, olfato, vista y oído) a través de los cuales se recibe información sobre el mundo que nos rodea.

vertebrados: Animales que tienen columnas vertebrales que se extienden por la parte posterior de sus cuerpos.

Índice alfabético

Demuestra lo que sabes

1. ¿Por qué los científicos clasifican el reino animal en diferentes clases?
2. ¿Dónde viven los mamíferos?
3. ¿Por qué los animales herbívoros viajan en grupos?
4. ¿Qué tiene de inusual el desarrollo de los bebés de los equidnas y los ornitorrincos?
5. ¿Por qué las madres marsupiales necesitan bolsas para sus bebés?

Lecturas adicionales (en inglés)

Romero, Libby, *Ultimate Explorer Field Guide: Mammals*, National Geographic Children's Books, 2019.

Hall, Katharine, *Mammals: A Compare and Contrast Book*, Arbordale Publishing, 2016.

Sill, Cathryn and John, *About Mammals: A Guide for Children*, Peachtree Publishers 2014.

Acerca de la autora

Nancy Furstinger es autora de casi 100 libros, la mayoría sobre su tema favorito: ¡los animales! Comparte su hogar con perros grandes, conejos domésticos y una chinchilla (todos ellos rescatados), y es voluntaria en varias organizaciones de animales. Puedes saber más sobre Lisa y su obra en www.nancyfurstinger.com (página en inglés).

www.rourkebooks.com

PHOTO CREDITS: Cover, Title Page and Border ©Freder; Pg 3 ©aiqingwang; Pg 4 ©lvcandy; Pg 5 ©decade3d, ©alex-mit; Pg 6 ©bingokid, ©Anthony Lombardi; Pg 7 ©blake81; Pg 8 ©joebelanger; Pg 9 ©mlharing; Pg 10 ©GlobalP; Pg 11 ©lemga, ©GlobalP; Pg 12 ©Tramper2; Pg 13 ©mlharing, ©Bob Hilscher; Pg 14 ©Lynn_Bystrom, ©labrlo; Pg 15 ©RobsonAbbott; Pg 16 ©Specialjake; Pg 17 ©mburt; Pg 18 ©adventtr; Pg 19 ©JohnCarnemolla, ©bennymarty; Pg 20 ©Kate Thompson/NOAA; Pg 22 ©kickers

Editado por: Laura Malay
Diseño de la tapa e interior: Kathy Walsh
Traducción: Santiago Ochoa

Library of Congress PCN Data

Mamíferos / Nancy Furstinger
(¡Los animales también tienen clases!)
  ISBN 978-1-73165-454-0 (hard cover)
  ISBN 978-1-73165-505-9 (soft cover)
  ISBN 978-1-73165-538-7 (e-book)
  ISBN 978-1-73165-571-4 (e-pub)
Library of Congress Control Number: 2022940987

Rourke Educational Media
Printed in the United States of America
01-0372311937